BEI GRIN MACHT SICH IHR WISSEN BEZAHLT

- Wir veröffentlichen Ihre Hausarbeit,
  Bachelor- und Masterarbeit

- Ihr eigenes eBook und Buch -
  weltweit in allen wichtigen Shops

- Verdienen Sie an jedem Verkauf

Jetzt bei www.GRIN.com hochladen
und kostenlos publizieren

Stadtentwicklung in einem kommunistischen Umfeld. Die Beispiele West-Berlin und Hongkong

Ein Vergleich

Bibliografische Information der Deutschen Nationalbibliothek:

Die Deutsche Nationalbibliothek verzeichnet diese Publikation in der Deutschen Nationalbibliografie; detaillierte bibliografische Daten sind im Internet über http://dnb.d-nb.de abrufbar.

ISBN: 9783346295064
Dieses Buch ist auch als E-Book erhältlich.

Druck und Bindung: Books on Demand GmbH, Norderstedt Germany
Gedruckt auf säurefreiem Papier aus verantwortungsvollen Quellen

Das vorliegende Werk wurde sorgfältig erarbeitet. Dennoch übernehmen Autoren und Verlag für die Richtigkeit von Angaben, Hinweisen, Links und Ratschlägen sowie eventuelle Druckfehler keine Haftung.

Das Buch bei GRIN: https://www.grin.com/document/953471

Inhaltsverzeichnis

Einleitung

Vor dem 13 März 2020 gehörten Urlaub, regelmäßige Ausflüge und der Besuch bei den Großeltern zum Alltag.

Keiner hätte sich vorstellen können, dass ein Virus aus dem fernen Wuhan unsere Normalität auf den Kopf stellen könnte.

Dies ist allerdings der Fall und seit März gilt ein Kontaktverbot, was dazu führte, dass ein Großteil der Menschen zuhause bleibt, um sich somit (teilweise) freiwillig in Isolation zu begeben.

Vor nicht allzu langer Zeit wurde hier in Deutschland sogar eine halbe Stadt von ihrem Umlande isoliert und mittels Mauer und Stacheldraht von ihrem Umland abgetrennt.

Jedoch war hier nicht vordergründig die Gesundheit der Einwohner Grund für die Abtrennung, sondern die unterschiedlichen Vorstellungen der Zukunft der vier Besatzungsmächten.

Die Rede ist von West-Berlin, welches über 40 Jahre lang mehr oder weniger umschlossen war.

In der folgenden Ausarbeitung werde ich mich mit der Frage befassen,
wie sich eine Stadt isoliert in einem kommunistischen Umland entwickelt.

Um die Fragestellung differenziert zu beleuchten, werde ich sie anhand einer vergleichenden Erörterung der beiden Städte Hong Kong und West-Berlin vornehmen.

Dabei werde ich einen Vergleich der beiden Städte Hong Kong und West-Berlin vornehmen.

West-Berlin

Kurze geschichtliche Hinführung

Nach Ende des zweiten Weltkrieges wurde Deutschland unter den Siegermächten Amerika, Großbritannien, Frankreich und der Sowjetunion aufgeteilt.

Das gemeinsame Ziel der Siegermächte war zunächst "ein Wiederaufleben des Nationalsozialismus und Militarismus zu verhindern". (Wetzlaugk, 1988)[1]

Zu diesem Zweck sollte der Alliierte Kontrollrat, bestehend aus den vier Siegermächten gemeinsam über die Verwaltung Deutschlands entscheiden.[2]

Berlin, als ehemalige Reichshauptstadt wurde ebenfalls in vier Sektoren aufgeteilt. Die drei Westsektoren wurden im Laufe der Zeit umgangssprachlich gemeinsam West-Berlin genannt wurden. Die rote Armee, ganz Berlin besetzt hatte, zog sich nach zwei Monaten Anfang Juli 1945 in den ihr zugeteilten Ostteil der Stadt zurück. Der Rückzug der Roten Armee und die Machtübernahme der Amerikaner, Franzosen und Briten waren von der Berliner Bevölkerung sehnlichst erwartet worden, da sie hofften, dass mit den Westalliierten die willkürlichen Übergriffen und Verhaftungen auf die Zivilbevölkerung abnehmen. Das trat auch ein und im Nachhinein wird oft behauptet, dass mit den Amerikanern „die Ruhe einzog".[3] Das Verhältnis der beiden Großmächte USA und Sowjetunion verschlechterte sich aufgrund ideologischer Differenzen rapide, sodass die gemeinsame Verwaltung Berlins nicht mehr möglich war. Am 16.6.48 verließ die Sowjetunion die hohe alliierte Kommandantur Berlins und der Ost-West-Konflikt und die Staaten separierten sich immer weiter voneinander.

Auch wenn sich die drei Westalliierten nicht in allen Teilen der Besatzungspolitik einig waren, beschlossen sie gemeinsam in ihren Sektoren die sogenannten Grundsätze der vier D's[4]. Ihr Ziel war es, Deutschland zu **D**enazifizieren, **D**emokratisieren, **D**emilitarisieren und zu **D**ezentralisieren. [5]

---

[1] Zitat Wetzlaugk, Udo, Die Alliierten in Berlin s.22
[2] Vgl https://www.bpb.de/geschichte/zeitgeschichte/marshallplan/40007/kontrollrat (Status 1.6.20)

[3] Vgl Zitat Hubert Draegert
[4] Vgl https://www.bpb.de/geschichte/nationalsozialismus/dossier-nationalsozialismus/39605/entnazifizierung-und-erziehung (Status 2.6.20)
[5] Vgl Genosse General!: Die Militärelite der DDR in biografischen Skizzen, Ch. Links Verlag Berlin , 2003 S.339, Schulbuch s 416

Während die Westalliierten versuchten, in ihren Besatzungsgebieten freiheitlich-demokratische Werte zu installieren, verfolgten die Sowjets das Ziel, den Kommunismus bzw. Sozialismus global so weit wie möglich zu verbreiten. Diese ideologischen Differenzen führten dazu, dass sich die Situation nicht nur in Deutschland, sondern auch weltweit immer weiter zuspitzte, bekannt als „Kalter Krieg". Als die Alliierten ab 1948 in den Westzonen und in West-Berlin die DM als neues Zahlungsmittel einführen, löst dass die erste große Krise im Kalten Krieg aus.[6][7]

Bis dato war keine einheitliche Regelungen getroffen worden, wie die Machtverhältnisse in der geteilten Stadt aufrechterhalten werden sollten, weshalb ein Großteil der West-Berliner Bevölkerung diese deutliche Abgrenzung vom Ostsektor und die verstärkte Bindung an den Westen sehr begrüßte.[8] Die Sowjets, welche konsequent versuchten, auch die Westsektoren Berlins in ihren sowjetischen Sektor zu integrieren, blockierten darauf hin alle Zufahrtswege nach West-Berlin, sowie jegliche Strom- und Lebensmittelversorgung.[9]Für die Amerikaner war West-Berlin jedoch nicht nur aus humanitärer Sicht wichtig, sondern als geostrategisch[10] günstige „Insel der Demokratie im roten Meer des Kommunismus", vgl. (Tiedemann, 2016), weshalb die Alliierten die bis heute größte Luftbrücke der Welt ins Leben riefen. Mithilfe zahlreicher Flugzeuge versorgten sie die 2 Millionen Einwohner West-Berlins beinahe ein ganzes Jahr aus der Luft.[11] [12]Als am 30. September 1949 der letzte „Rosinenbomber" in Tempelhof eintraf, waren für die Einwohner West-Berlins aus Besatzern Beschützer geworden. Diese einmalige Rettungsaktion sorgte bis weit über die Grenzen Berlins für Schlagzeilen und zeigte der ganzen Welt: Die Westmächte halten an ihren rechtmäßigen Aufenthaltsbedingungen in Berlin fest, komme was wolle.

---

[6] Vgl Udo Wetzlaug, Die Alliierten in Berlin 1988, s.40 + 41
[7] Vgl Die Alliierten In Berlin, S 42
[8] Vgl Hubert Draegert
[9] Vgl https://www.planet-wissen.de/geschichte/deutsche_geschichte/kalter_krieg/index.html (Status 2.6.20)

[10] Vgl https://de.wikipedia.org/wiki/Berlin-Frage#Bundesrepublik_Deutschland (Status 2.6.20)

[11] Vgl http://www.alliiertenmuseum.de/themen/berliner-luftbruecke.html (Status 3.6.20)

[12]Vgl Schulbuch S 361

Am 23.05.1949 trat in Bonn das Grundgesetz in Kraft und ein neuer Staat war geboren: die Bundesrepublik Deutschland.[13] Bis zur Wiedervereinigung gehört West-Berlin rein rechtlich nie zur Bundesrepublik, sondern stand weiterhin unter der Hoheitsmacht der Alliierten.

Wirtschaftliche Entwicklung

Die Wirtschaft war gegen Ende des Zweiten Weltkrieges in West-Berlin beinahe komplett zerstört. Nach dem Krieg führte die angespannte politische Lage, die konstante Ungewissheit über den Status der Stadt und die Angst vor einem erneuten Einmarsch der Sowjets dazu, dass viele Unternehmen in die sichere Bundesrepublik umsiedelten. [14][15]

Um diesem Trend entgegen zu wirken und den Erhalt beziehungsweise die neue Schaffung von Arbeitsplätzen zu generieren, wurde 1950 das sogenannte Gesetz zur Förderung der Wirtschaft Berlin-West [16]eingeführt, welches die Produktion in West-Berlin mit zahlreichen Steuerermäßigungen und Subventionen unterstützte.

Dies führte zu einem enormen Zuzug der Produktions- und Industriebetriebe nach West-Berlin.

Auch großzügige Subventionen und Hilfestellungen aus USA sorgte dafür, dass die Wirtschaft in West-Berlin langsam wieder in Fahrt kam.

Durch die unmittelbare Nähe zur DDR wurde West-Berlin und besonders der Kurfürstendamm zum „Schaufenster des Westens".

Hier wurde Erfolg und Prestige suggeriert, um die Übermacht des Westens und seines wirtschaftlichen Systems zu verdeutlichen.

---

[13] Vgl Die Alliiierten in Berlin S 49
[14] Vgl. https://zeithistorische-forschungen.de/sites/default/files/medien/material/2014-2/Ahrens_2015.pdf (Status 2.6.20)

[15] Vgl. https://www.berliner-zeitung.de/berlin-wurde-ueber-jahrzehnte-aufgepaeppelt-der-westteil-der-stadt-genauso-wie-die-hauptstadt-der-ddr-zitterpraemien-und-notopfer-li.8572 (Status 3.6.20)

[16]Vgl
https://www.bgbl.de/xaver/bgbl/start.xav?start=//*%5B@attr_id=%27bgbl150s0041.pdf%27%5D#__bgbl__%2F%2F*%5B%40attr_id%3D%27bgbl150s0041.pdf%27%5D__1590836496584
(Status 3.6.20)

Bis 1970 war die Arbeitslosenquote stark gesunken[17], was jedoch nicht nur der großzügigen Arbeitsplatzförderung zu verdanken war.

Viele berufstätige Berliner waren zwischenzeitlich in Rente gegangen und junge Arbeitnehmer zogen bevorzugt in die Bundesrepublik, wo es eine höhere Unternehmensdichte gab.

In West-Berlin lebten bereits viele Studenten, die aber nicht mit in die Statistik gezählt wurden. Dass sorgte einerseits für niedrige Arbeitslosenquoten, aber auch für einen niedrigen Anteil an erwerbstätigen Personen, was die Halbstadt im Vergleich zu ihrem Ostteil in keinem guten Licht erscheinen ließ.

Um diesem Trend der Emigrierung entgegen zu wirken, wurde 1971 die so genannte Berlin-Zulage (Zitterprämie) eingeführt. Wie der Name bereits andeutet, soll die Zulage von 8 %, welche die Arbeitnehmer steuerfrei auf ihr Bruttogehalt erhielten, das Zittern im Kalten Krieg und die Ungewissheiten in der „Frontstadt" West-Berlin ausgleichen.

Jedoch sorgten diese finanziellen Zuschüsse nicht dafür, dass Westberlins Existenz und Freiheit jemals aus eigener Wirtschaftskraft finanziert werden hätte können, weswegen die Maßnahmen oft als „erfolglos aber teuer" bezeichnet wurden.[18]

Wenn auch die eigene Wirtschaft nicht profitabel war, so stellte Westberlin doch eine wichtige Einnahmequelle für den Osten dar.

Die DDR verlangte für die Zufahrt nach West-Berlin und die Nutzung „ihrer Autobahnen" Zölle und Transitgebühren.

Da die Reisenden oft von Grenzern unnötig lange durchsucht und schikaniert wurden, zahlte die Bundesrepublik im Zuge des Transitabkommens ab 1972 jährliche Transitgebühren, um dafür die freie Durchfahrt zu ermöglichen. Allein für die Jahre 1972 bis 1975 beliefen sich die Kosten auf über 234 Millionen DM jährlich.[19]

Für die wirtschaftlich schwache DDR waren das elementare Einnahmen, wodurch auch sie von der Existenz West-Berlins profitierten.

---

[17] Vgl. https://de.statista.com/statistik/daten/studie/588978/umfrage/historische-arbeitslosenquote-in-berlin-west/ (Status 3.6.20)

[18] Vgl. https://zeithistorische-forschungen.de/sites/default/files/medien/material/2014-2/Ahrens_2015.pdf (Status 2.6.20)

[19] Vgl. https://de.wikipedia.org/wiki/Transitabkommen#Transitpauschale_/_Kosten (Status 2.6.20)

Gesellschaftliche Ängste/Sorgen

Berlin war immer Streitpunkt der beiden Supermächte.

Hier spiegelte sich der Kalte Krieg im Brennglas wider.

Wenn sich irgendwo auf der Welt die Provokationen zuspitzten, wurden an der Grenze die Abfertigung gestört und verlangsamt, sodass sich oftmals kilometre lange Staus durch die ganze Stadt zogen.[20]

Der französische Präsident Vincent Auriol betitelt es sehr treffend als einen: „une petite guerre à coups d'épingles" [21] (Tusa & Tusa, 1988), (auf Deutsch: Krieg der Nadelstiche).

Der erste große Nadelstich für die West-Berliner war die bereits erwähnte Berlin-Blockade. Zu Beginn war noch nicht einzuschätzen, wie weit die Amerikaner gehen würden, um West-Berlin zu verteidigen.

Im Zuge der Luftunterstützung zeigte sich aber deutlich, dass aus Besatzern Beschützer wurden und die West-Berliner auf ihre Alliierten vertrauen konnten.

Die nächste Krise ließ nicht lange auf sich warten, Ende der 50er Jahre spitzte sich im Zuge des kalten Krieges auch die Lage um Berlin immer weiter zu.

Besonders dem Ostblock war West-Berlin unter der Führung der Alliierten ein Dorn im Auge. Um die Alliierten aus der Stadt los zu werden, versuchte Nikita Chruschtschow, der Regierungschef der Sowjetunion, 1958 mithilfe des sogenannten Chruschtschow Ultimatums, West-Berlin zu einer freien, entmilitarisierten Stadt zu erklären.[22]

Das hätte höchstwahrscheinlich das Ende des freien, demokratischen West-Berlins bedeutet, weshalb keiner der Alliierten auf die Drohungen und Forderungen der Sowjets einging.

Im Zuge der weltweiten Entspannungspolitik wurde ein Angriff auf West-Berlin ab Mitte der 60er Jahre jedoch immer unwahrscheinlicher, da die Sowjets an einer Konfrontation nicht mehr interessiert waren, sondern stattdessen diplomatische Schritte einleiteten, um die Verständigung zu ermöglichen.

Am 13. August 1961 wurde die Teilung der Stadt im wahrsten Sinne des Wortes in Stein gemeißelt alt.

---

[20] Vgl Gespräch Hubert Draegert

[21] Ann Tusa, John Tusa: *The Berlin Airlift Kapitel 6*

[22] Vgl https://www.berlin.de/landesdenkmalamt/denkmale/denkmale-der-alliierten/die-alliierten-in-berlin/krisen-um-berlin-und-die-endgueltige-teilung-der-stadt-1961-646275.php (Status 5.6.2020)

Ausgelöst durch den stetig zunehmenden Abwanderungsstrom aus der DDR heraus nach Westberlin, errichtete die DDR den sogenannten Antifaschistischen Schutzwall. Entgegen den Behauptungen der SED, war die Aufgabe der Mauer jedoch nicht in erster Linie der Schutz der DDR vor Faschisten. Stattdessen sollte die physische Teilung der Stadt primär verhindern, dass die eigenen, jungen Fachkräfte, weiter in großen Scharen das Land verließen.

Im Zuge dieser physischen Isolation Westberlins fühlten sich die Bürger und auch der Berliner Senat von den Alliierten und der BRD im Stich gelassen.

Erst nach zwei Tagen kamen erste Reaktionen von Seiten der Alliierten, und in einem offenen Brief[23] machte der amtierende regierende Bürgermeister Berlins Willy Brandt seiner Erwartungen klar[24], und verlangte von dem amerikanischen Präsidenten, folgendes "Berlin erwartet mehr als Worte, Berlin erwartet politische Aktionen." [25] Diese Erwartungen wurden erfüllt, und auch in Krisenzeiten, als der Kalte Krieg beinahe zum heißen Krieg wurde, führten die Alliierten alle außenpolitischen Debatten für die Stadt.

Dieser „Luxus" der Schutzmacht wird in der lokalpatriotischen Hymne der West-Berliner aus dem RIAS sehr treffend besungen mit „Der Insulaner verliert die Ruhe nicht...." [26].

Resultierende Strömungen

Obwohl die Kriegswunden vielerorts noch sehr frisch waren, beschäftigten sich Studenten der Freien Universität Berlin auch mit der eigenen deutschen Vergangenheit.

Als 1959 für ein Großteil der nationalsozialistischen Verbrechen die Verjährung bevor stand, organisierten Studenten der FU Berlin und des SDS(sozialistischen deutschen

---

[23] Vgl https://www.chronik-der-mauer.de/system/files/dokument_pdf/58827_cdm-610816-BrandtanJFK.pdf (Status 5.6.20)

[24] Vgl https://www.chronik-der-mauer.de/180101/reaktionen-auf-den-mauerbau (Status 4.6.20)

[25] (Zitat Willy Brandt) https://www.berlin.de/aktuell/ausgaben/2013/juni/ereignisse/artikel.223535.php (Stand 4.6.20)
[26] Vgl. https://www.welt.de/print/wams/reise/article106294764/Der-Insulaner-verliert-die-Ruhe-nicht.html (Status 5.6.20)

Studentenbund) eine Ausstellung mit dem Titel „ungesühnte Nazi Justiz- Dokumente zur NS Justiz"[27]

Bis Februar 1962 wurden in zehn Universitätsstädten Dokumente zu Strafverfahren und Urteilen gezeigt. [28]

Die kritische und schonungslose Auseinandersetzung mit der noch jungen Vergangenheit traf den Nerv der Zeit[29] und erregte großes Aufsehen.

Die Studenten der FU waren politisch sehr engagiert, was unter anderem mit Berlins Status als Eingemauerter Inselstadt zu tun hatte, aber auch darauf zurückzuführen ist, dass sich durch die externen Anreize eine bestimmte Klientel nach West-Berlin absetzte.

Da West-Berlin nie Teil der BRD war, sondern immer unter dem Kommando der Alliierten stand, entfiel die Wehrpflicht in West-Berlin.

Das, gepaart mit dem Ziel der Amerikaner, viele Bildungseinrichtungen in West-Berlin zu errichten, sorgte dafür, dass die Halbstadt bald zur Studentenstadt wurde.

Neben der Bildung, war ein großes Interesse der Amerikaner, der West Berliner Bevölkerung in allen Schichten der Gesellschaft ihren „American way of life" näherzubringen.

Um den interkulturellen Einfluss der USA möglichst hoch zu halten, vergaben sie viele Stipendien für Schüler und Studenten für ein Jahr in den USA.

Im Gepäck der Heimkehrer[30] befanden sich unter anderem auch revolutionäre Ideen, die, im Großteil linksorientierten Studentenmilieu, schnell adaptiert wurden.

So entstanden beispielsweise die APO, die Studentenbewegung und die Forderungen nach Pazifismus[31] Ende der 60er Jahre nicht aus Berlins Sonderstatus heraus.

---

[27] https://de.wikipedia.org/wiki/Ungesühnte_Nazijustiz (Status 5.6.20)

[28] https://de.wikipedia.org/wiki/Ungesühnte_Nazijustiz (Status 5.6.20)

[29] https://www.deutschlandfunk.de/aufarbeitung-des-nationalsozialismus-historiker-frei-sds.691.de.html?dram:article_id=464454 (Status 5.6.20)

[30] Vgl https://www.bpb.de/geschichte/deutsche-geschichte/geschichte-der-raf/49201/apo-und-studentenproteste (Status 5.6.20)

[31] Vgl https://www.bpb.de/geschichte/deutsche-geschichte/geschichte-der-raf/49201/apo-und-studentenproteste (Status 5.6.20)

Stattdessen waren es Reaktionen auf aktuelle Ereignisse und der globale,[32] weltweite Trend des Umdenkens.

So fanden auch die allgemeine Protestbewegung gegen den Vietnamkrieg in West-Berlin Anhänger. Auch wenn die Demonstrationen mit circa 12.000 Teilnehmern relativ klein waren, für die 2 Millionen Einwohner Metropole, waren sie aufgrund West-Berlins enger Verflechtung mit den Amerikanern dennoch von besonderer Bedeutung.

Die Gräueltaten, die von den USA in Vietnam gegen die Zivilbevölkerung verübt wurden, enttäuschten die West Berliner ganz besonders.

So waren sie doch selbst von den USA freiheitliche Werte und Demokratie gelehrt worden.

Die Amerikaner hatten ihnen beigebracht, dass die Würde des Menschen unantastbar ist und für sie gekämpft.

Die ältere Generation, welche besonders durch die Berlin-Blockade seelisch sehr an die USA gebunden waren, war jedoch entsetzt über die Anti-Amerikanische Oppositionshaltung der Jugendlichen.

Es kam bei den Demonstrationen vielerorts zu Übergriffen, bei denen entrüstete Bürger den Demonstranten ihre Plakate und Transparente entrissen.

Drei Tage nach den Protesten, am 21. Februar fand, vom Berliner Senat organisiert eine Gegendemonstration vor dem Schöneberger Rathaus statt, an der über 80.000 West Berliner teilnahmen.[33]

Sie waren schockiert, wie die akademische Jugend und Zukunft sich immer weiter radikalisierte und gegen die Schutzmacht[34] auflehnte und protestierte, die ihrem Berlin doch erst die Lebensfähigkeit schenkte.

Auch Willy Brandt, der amtierende Bürgermeister Berlins, bat den amerikanischen Stadtkommandanten um Verzeihung und ermahnte die Studenten, nicht zu vergessen, wem sie ihre Freiheit zu verdanken haben.[35]

---

[32] Vgl https://www.deutschlandfunkkultur.de/west-berlin-1968-der-rausch-der-revolution.976.de.html?dram:article_id=410719 (Status 5.6.20)

[33] https://www.deutschlandfunk.de/vor-50-jahren-in-west-berlin-studenten-demonstrierten-gegen.871.de.html?dram:article_id=411018 (Status 5.6.20)

[34] Vgl https://taz.de/50-Jahrestag-Antikriegsproteste/!5271633/ (Status 5.6.20)

[35] Vgl. https://www.tagesspiegel.de/berlin/berlin-und-der-vietnamkrieg-studenten-gegen-die-schutzmacht/11709088.html (Status 5.6.20)

Im Zuge der weltweiten Befreiung der veralteten, verstaubten und festgefahrenen Gesellschaftsstrukturen und Hierarchien wurden auch in West-Berlin alternative Möglichkeiten des Zusammenlebens ausprobiert.

Im Rausch der Revolution entstand 1967 die so genannte Kommune eins, eine politisch motivierte Wohngruppe, die besonders mit Slogans wie „Wer zweimal mit derselben pennt, gehört schon zum Establishment" bundesweit für Aufmerksamkeit sorgten.

Sie waren nicht für die Ewigkeit bestimmt und die Studentenbewegung, die APO und auch die Kommune eins lösten sich jedoch bereits 1970 wieder auf.

Mit der Berlin-Zulage, auch „Zitter-Prämie" genannt, wurde ab 1970 die Lebenshaltungskosten in West-Berlin stark subventioniert.

So zogen noch mehr Studenten, um günstig eine gute Ausbildung zu erhalten, in die Halbstadt[36].

Beflügelt wurde diese demographische Verjüngung der Gesellschaft von der Abwesenheit einer Sperrstunde, wie sie es im Rest der BRD gab.

So entwickelte sich durch die vielen jungen Leute eine blühende Ausgeh- und Feierkultur.

Innerhalb der nächsten 20 Jahre wurde die Metropole zum Schmelztiegel der kreativen Szene, der Kunst, Punk- und Pop-Kultur.

Viele, mehrheitlich links orientierte Individualisten aus aller Welt zogen in die Metropole, um sich dort künstlerisch voll zu entfalten, frei von finanziellem Druck[37] und ungeachtet der Kritik der als verstaubt und veraltet verachteten elterlichen Generation.

Die Musik- und Kunstszene war geprägt vom Aufbegehren gegen die Regeln.

Es entstand eine so genannte Antikultur, man ist prinzipiell Anti gegen alles.

Anti gegen die Eltern, Anti gegen Konventionen, Anti gegen alles Alte (Müller, 2013)[38]

Hier sammelten sich Pazifisten, Punks, Kriegsdienstverweigerer, Lesben, Schwule und Queers, ganz nach dem Motto „Leben und leben lassen".

Es bildete sich rasch eine florierende Kulturgemeinschaft in dem Biotop West-Berlin.

---

[36] http://web.fu-berlin.de/chronik/chronik_1949-1960.html (Status 5.6.20)

[37] https://www.dw.com/de/das-legendäre-west-berlin-der-70er-und-80er/a-16576831 (Status 5.6.20)

[38] Vgl Schulbuch, S 25

Finanziert durch großzügige Subventionen[39] fanden jeden Abend Ausstellungen, Vernissagen und Partys in der ganzen Stadt statt[40].

Sehr erfolgreich entwickelte sich die Musikszene in West-Berlin.

Besonders der Punk Rock erlebte hier in den Siebzigern und Achtzigern eine Hochkonjunktur. Beinahe täglich wurden neue Bands aus dem Boden gestampft wie beispielsweise „die Einstürzende Neubauten" [41], „die tödliche Doris" oder auch „die Ärzte", deren Musik eine ganze Generation prägte.

Aufgrund der physischen und ideologischen Nähe zu den Amerikanern und Briten, besuchten auch internationale Superstars wie David Bowie, Michael Jackson und Pink Floyd „ihr" West-Berlin und spielen für die rund zwei Millionen Einwohner der Mauerstadt. [42] Der rege Austausch mit den internationalen Musikern führte dazu, dass legendäre Diskotheken wie das „Dschungel" und das „SO36" entstanden.

Stars wie David Bowie und Prince, Boris Becker und Udo Jürgens[43], aber auch die Jugend Berlins schlugen sich hier die Nächte um die Ohren.

In den Sechzigern, wurde im Zuge der Flowerpower Bewegung, noch friedlich Haschisch geraucht, der Trend entwickelte sich in den 70ern und 80ern immer weiter in die Richtung der harten Drogen und Opiate[44].

Steigende Arbeitslosigkeit[45] und die daraus resultierende Perspektivlosigkeit sorgte dafür, dass besonders die Jugend anfällig für den Missbrauch von Opiaten wurde.

Sehr eindrücklich wird dieser gefährliche Trend in der 1978 veröffentlichten Biographie „Christiane F- Wir Kinder vom Bahnhof Zoo" porträtiert.

---

[39] https://www.tagesspiegel.de/kultur/berlins-kunst-der-80er-jahren-im-westen-wildes/22946716.html (Status 5.6.20)

[40] Vgl Film Lust und Sound
[41] https://www.deutschlandfunkkultur.de/blixa-bargeld-zum-neuen-neubauten-album-sounds-klaenge.2177.de.html?dram:article_id=476747 (Status 5.6.20)

[42] https://www.spiegel.de/geschichte/mauerkonzerte-wummerbaesse-fuer-den-osten-a-948586.html (Status 6.6.20)

[43] https://www.welt.de/vermischtes/article134252026/In-diesem-Kult-Club-sass-auch-David-Bowie-an-der-Bar.html (Status 5.6.20)

[44] https://www.spiegel.de/spiegel/print/d-40862603.html (Status 5.6.20)

[45] Vgl. https://de.statista.com/statistik/daten/studie/588978/umfrage/historische-arbeitslosenquote-in-berlin-west/ (Status 5.6.20)

Dieser exzessive Drogen- und Alkoholmissbrauch führte dazu, dass rückblickend über die Siebziger und Achtziger Jahre in West-Berlin gesagt wird, dass „wer sich erinnert, nicht dabei war".

In den achtziger Jahren begannen Investoren, ganze Wohnblöcke aufzukaufen, um diese verfallen zu lassen, bzw. absichtlich zu demolieren, um die Mieter zu verscheuchen und das Haus anschließend Luxus sanieren zu können.[46]

Der Berliner Senat sah oft tatenlos zu, wie nutzbarer Wohnraum verfiel um dann Luxus saniert werden zu können.

Von der Regierung im Stich gelassen, nahmen Punks, Autonome und Hippies, geduldet von dem bürgerlichen Milieu, das Problem selbst in die Hand und besetzen Anfang der 80er Jahre in und um Kreuzberg bis zu 160 Häuser, um sie so vor dem Abriss zu bewahren.

Es kam teilweise zu regelrechten Straßenschlachten mit der Polizei, aber einige Besetzer schafften es tatsächlich, Genossenschaften zu bilden und somit legal die Häuser zu erwerben.[47]

Selbstwahrnehmung

Die erste Generation der West Berliner, welche durch die Luftbrücke und die Krisen des Kalten Krieges den Schutz der Amerikaner nicht für selbstverständlich nahmen, waren stets darum bemüht, sich so eng wie möglich an die Bundesrepublik und die Amerikaner zu binden.

Viele kannten noch ein vereinigtes Deutschland, oder zumindest die Zeit, als das Überqueren der Sektorengrenzen problemlos möglich war.

Darum würde ein Großteil dieser Altersgruppe sich wahrscheinlich als Deutsche bezeichnen.

Die darauffolgende Generation, in den Sechzigern geboren, wurden in der Isolation groß. Für sie gehörten die Alliierten, die Mauer und die ständigen Grenzkontrollen zum Alltag dazu.

Sie bezeichneten sich oftmals eher als Berliner, da sie nichts anderes kannten.

Für sie ist der Schutz der Amerikaner ein gegebener Faktor.

---

[46] Vgl https://archiv.squat.net/hausbesetzer/text3.html (Status 5.6.20)

[47] Vgl. https://www.deutschlandfunkkultur.de/westberlin-in-den-80er-jahren-stadterneuerung-per.976.de.html?dram:article_id=450023 (Status 5.6.20)

Der Osten war weit weg, und man kannte ihn nur aus Erzählungen, aus den kurzen Abschnitten der Transitautobahn und dem Geruch, wenn die Abgase der Trabis in die Stadt wehten. Im täglichen Leben war der Osten, obwohl so nah, gefühlt weiter weg als Amerika.

Seit Beginn der Teilung, herrschte eine große Solidarität zwischen Ost- und Westberlin.

An manchen Stellen gruben West-Berliner Tunnel, um Fluchten aus dem Ostsektor möglich zu machen[48], und begegneten den Flüchtlingen im täglichen Leben mit Respekt und Kameradschaftlichkeit.

Dass sich Deutschland trotzdem noch mit dem Osten verbunden fühlte, wird deutlich an den sogenannten „Ostpaketen"[49]. Vielerorts schickten Westdeutsche und Westberliner Pakete, gefüllt mit Waren, die in der DDR nicht erhältlich waren, in die DDR. [50]

Tiefe Abneigung herrschte aber gegen das „System im Osten".

Diese Abneigung stieg nach dem Bau der Mauer extrem an.

Die Berliner S-Bahn unterstand der Sowjetischen Kontrolle. Nach der Teilung hielten es darum viele Bewohner West-Berlins für ihre Pflicht, sich solidarisch zu zeigen und die S-Bahn zu boykottierten[51]. Mit Slogans wie „Der S Bahn Fahrer zahlt den Stacheldraht"[52] wurde gegen die Nutzung der S-Bahn protestiert.

---

[48] Vgl.https://www.dw.com/de/unter-einsatz-des-lebens-o-ton-feature-über-fluchtversuche-aus-der-ddr-und-die-fluchthelfer-aus-west-berlin/a-4246135 (Status 5.6.20)

[49] Vgl https://de.wikipedia.org/wiki/Ostpaket (Stand 13.6.20)

[50] Vgl https://www.spiegel.de/geschichte/paketverkehr-zwischen-west-und-ost-a-995706.html (Status 5.6.20)

[51] Vgl https://www.stadtschnellbahn-berlin.de/geschichte/boykott/index.php (Status 5.6.20)

[52] Zitat https://www.stadtschnellbahn-berlin.de/geschichte/boykott/index.php (Status 5.6.20)

Hong Kong

Kurze geschichtliche Hinführung

Mit dem Ende des ersten Opiumkrieges 1842, erlangte Großbritannien die Kolonialmacht über Hong Kong. Es zogen immer mehr Menschen in die junge Stadt, weshalb die Insel bald drohte, aus allen Nähten zu platzen. Das hügelige Terrain macht eine flächendeckende Bebauung, um alle Bewohner unterzubringen, unmöglich, weshalb die britische Krone 1898 die so genannten New Territories und über 200 kleinere Inseln für 99 Jahre von China pachteten.[53]Von da an blühte die südchinesische Hafenmetropole unter der britischen Herrschaft regelrecht auf.

1982 besuchte „die eiserne Lady" Margaret Thatcher Peking, da die 99 Jahre Frist bald ablief, um die Verhandlungen über die Rückgabe Hongkong beginnen.

Zu diesem Zeitpunkt war die Insel Hongkong bereits infrastrukturell so eng mit den New Terretories verbunden, dass sie ohne einander nicht lebensfähig gewesen wären.

Mittlerweile hatte sich die Sonne auch über dem britischen Empire gesenkt und die legendäre Royal Navy wäre nicht mehr in der Lage gewesen, eine militärische Auseinandersetzung mit China für sich zu entscheiden.

So wurde beschlossen, dass Hong Kong nach Ablauf des Pachtvertrages Als ganze Stadt zurückzugeben wird.

Unter der Doktrin „Ein Land- Zwei Systeme" sollte Hongkong nach Ablauf der 99 Jahresfrist am 1997 offiziell an China zurückgegeben werden.

Teil des Kompromisses war, dass Hong Kong eine eigene Verfassung, das sogenannte „Basic Law" erhielt.

Es räumt der Sonderverwaltungszone für „50 Jahre wirtschaftliche, innenpolitische, soziale und kulturelle Souveränität zu" (Tobias, 2020)[54].

Hong Kong ist als Sonderverwaltungszone Teil Chinas, agiert jedoch großteils im Innern autonom und wird bei Geschäften mit dritten Staaten als eigener Partner anerkannt und behielt seine kapitalistische Marktwirtschaft.

China ist nur für die Außen- und Verteidigungspolitik zuständig und die Stadt ist deutlich mit einer festen Grenze von der VR abgetrennt. [55]

---

[53] Vgl https://www.nzz.ch/international/hongkong-eine-chronologie-der-geschichte-ld.1302156 (Stand 7.6.20)
[54] Zitat https://www.planet-wissen.de/kultur/metropolen/hongkong/pwiehongkongunterbritischerherrschaft100.html (Stand 7.6.20)
[55] Vgl https://www.auswaertiges-amt.de/de/aussenpolitik/laender/hongkong-node/sonderstatus-hongkong/2239262 (Stand 10.6.20)

Wirtschaftliche Entwicklung

Als Anfang des 19 Jahrhunderts Streitereien/ Meinungsunstimmigkeiten aufgrund des Opiumimportes der Briten eskalierten, flohen die Briten aus der Handelsmetropole Kanton in die relativ ländliche, 7000 Einwohner Hafenstadt[56] Hong Kong. [57]

Aufgrund der militärischen Übermacht der britischen Navy, traten die Chinesen Hong Kong und einige weiter Inseln bereitwillig an Großbritannien ab.

Aufgrund der mangelhaften Infrastruktur, wurde der Kolonie von Briten und Chinesen kein großer Stellenwert zugeteilt, sie ist in erster Linie dafür zuständig, den chinesischen Markt offen zu halten und die Präsenz des britischen Empires im asiatischen Raum zu verstärken. So wurde aus der Insel Hong Kong und der Halbinsel Kowloon zuerst ein Militär- und Handelsstützpunkt.

Allmählich installierten die Briten auch erste infrastrukturelle Elemente in dem damals noch ruralen Hong Kong.

Für die Briten war dabei besonders ein funktionsfähiger Hafen von großer Bedeutung, der den Transport in andere Kolonien oder ins Mutterland nach Hause bewerkstelligen konnte.

So entstand Hongkongs Freihafen, der weltweiten Gütertransport frei von Import und Exportzöllen ermöglichte.

Auch in den anderen Wirtschaftssektoren etablieren die Briten sehr liberale, wirtschaftsfördernde Elemente. Durch die gering ausfallende Steuerlast[58], wurde Hongkong zum attraktiven Handelsstandort und die Wirtschaft kam langsam in Schwung, stand aber noch im Schatten der großen Schwester Shanghai.[5960]

Das änderte sich jedoch schlagartig, als nach dem zweiten Weltkrieg, 1949, die kommunistische Volksrepublik China ausgerufen wurde.

Hunderttausende Chinesen flohen vor dem neuen Regime nach Hong Kong, und zahlreiche ausländische und große Unternehmen, Banken und Handelshäuser verlegten ihren Sitz nach Hong Kong.

---

[56] Vgl https://www.morgenpost.de/reise/article211088493/Hongkong-Das-Erbe-der-Englaender-in-der-Asien-Metropole.html (Stand 8.6.20)
[57] Vgl https://www.planet-wissen.de/kultur/metropolen/hongkong/pwiehongkongunterbritischerherrschaft100.html (Stand 7.6.20)
[58] Vgl https://www.bpb.de/apuz/305187/zur-geschichte-hongkongs (Stand 8.6.20)
[59] Vgl https://www.general-anzeiger-bonn.de/news/kultur-und-medien/vor-20-jahren-gaben-die-briten-hongkong-zurueck_aid-43403473 (Stand 8.6.20)
[60] Vgl https://www.planet-wissen.de/kultur/metropolen/hongkong/pwiehongkongunterbritischerherrschaft100.html (Stand 8.6.20)

Mit den Flüchtlingen kam auch eine beachtliche Menge Privatvermögen und, aus Angst vor Verstaatlichung durch die Kommunisten, jede Menge Industrie- und Produktionsanlagen mit nach Hong Kong.[61]

Diese Mischung der Bevölkerung aus Industriellen, qualifizierten Fachkräften und günstigen Arbeitern aus der Volksrepublik/ dem Land Chinas[62] führten zu einem Wirtschaftsboom.

Während Shanghai rapide an wirtschatlicher Bedeutung verlor, wuchs die Wirtschaft und die Bevölkerung in Hong Kong enorm und die Stadt entwickelt sich zu einem so genannten Tigerstaat [63][64].

Als Tigerstaaten bezeichnet man ehemalige asiatische Schwellenländer, die sich durch ihr rasches Wirtschaftswachstum, oft auf Kosten der Arbeiter, zu Industrieländern entwickeln konnten.[65]

Unter der britischen Krone wurde die Stadt bereits früh in das globale Waren- und Dienstleistungsnetz integriert, wovon sie in den darauffolgenden Jahren profitierte.

Hongkongs Hafen, ein so genannter Freihafen, erhebt bis heute keine Import- oder Exportzölle[66]. Es gibt keine Umsatzsteuer[67] (zum Vergleich, in DE beträgt die Mehrwertsteuer 19%, bzw. 7%) und auch die sonstige Besteuerung ist sehr liberal.

Nach dem zweiten Weltkrieg führten diese Faktoren, gepaart mit dem Überschuss an günstigen Arbeitern dazu, dass sich die Stadt schnell zu einem Industrie- und Produktionsstandort entwickeln konnte.

Als so genannte „Werkbank der Welt" wurden hier arbeitsintensive Güter[68] wie Textilien, Plastik und andere Kleinteile, produziert und direkt vom eigenen Hafen aus in die ganze Welt exportiert.

[61] Vgl https://www.planet-wissen.de/kultur/metropolen/hongkong/pwiehongkongunterbritischerherrschaft100.html (Stand 8.6.20)
[62] Vgl https://de.wikipedia.org/wiki/Geschichte_Hongkongs#Britische_Kronkolonie (Stand 8.6.20)
[63] Vgl https://wirtschaftslexikon.gabler.de/definition/tigerstaaten-49867 (Stand 7.6.20)

[64] Vgl https://www.klett.de/alias/1019131 (Stand 8.6.20)
[65] Vgl https://wirtschaftslexikon.gabler.de/definition/tigerstaaten-49867 (Stand 8.6.20)
[66] Vgl http://german.cri.cn/587/2007/07/04/1@76502.htm (Stand 8.6.20)
[67] Vgl http://exportenterprises.dbunternehmerportal.com/de/marktinformationen/hongkong/steuern (Stand 8.6.20)
[68] Vgl https://eh.net/encyclopedia/economic-history-of-hong-kong/ (Stand 8.6.20)

Mit Deng Xiaoping als neuem Partieführer, öffnete die VR China ab 1978 ihre Wirtschaft auch für das Ausland[69] und übernahm Hong Kongs Status als Industrie- und Produktionsstandort Asiens[70].

Das damals noch britische Hong Kong passte sich den veränderten wirtschaftlichen/äußerlichen Einflüssen an und verschob seinen Schwerpunkt vom der Industrieproduktion hin zu einem Dienstleistungssektor.

Im Zeitraum von 1981-2000 stieg der Anteil der Arbeitnehmer, die im Dienstleistungssektor beschäftigt waren, von 52 % auf 80 % der Berufstätigen Bevölkerung Hongkongs, während der Anteil der Beschäftigten im Industriesektor im selben Zeitraum von 39 % auf 10 % fiel.[71]

Viele Banken und international agierende Unternehmen, besonders im Finanzsektor verlegten ihre Stützpunkte nach Hongkong.

Grund für das rege Interesse, besonders der ausländischen Investoren, war die minimale Regulierung der Wirtschaft durch die Regierung.

Bis heute gilt Hongkong als freieste Wirtschaft der Welt[72].

Besonders geschätzt wurde von ausländischen Investoren auch dass, für asiatische Verhältnisse relativ unüblich, sichere Rechtssystem. Ausländer genießen hier fairen Rechtsschutz[73] und sind dennoch geographisch nah an anderen wichtigen asiatischen Handelsplätzen.

Die im Welthandel noch sehr unerfahrene Volksrepublik profitierte durch mehrere Freihandelsabkommen von Hong Kongs[74] Erfahrungen und dem etablierten Standort als Tor zum asiatischen Markt.

Als Hong Kong 1997 offiziell an die Volksrepublik China zurückgegeben wurde, prophezeite der Feng-Shui-Meister Joseph Wong[75]„diesem Bastard, gezeugt vom britischen Löwen und chinesischen Drachen, stehen schwere Zeiten bevor." (Wong, 2013)

---

[69] Vgl. https://www.nzz.ch/international/40-jahre-reform-in-china-eine-chronologie-ld.1441597 (Stand 8.6.20)
[70] Vgl https://media.diercke.net/omeda/Diercke_360_2-2012_China_Download.pdf (Stand 8.6.20)
[71] Vgl https://eh.net/encyclopedia/economic-history-of-hong-kong/ (Stand 8.6.20)
[72] Vgl https://www.focus.de/finanzen/news/wirtschaftsfreiheit/laender-ranking_aid_11439.html (Stand 8.6.20)
[73] Vgl https://www.pfalz.ihk24.de/international/greater-china/hongkong/hongkong-staat-und-politik-im-ueberblick-1282234 (Stand 8.6.20)
[74] Vgl https://www.gtai.de/gtai-de/trade/zoll/zollbericht/china/china-setzt-weiter-auf-freihandelsabkommen-22376 (Stand 8.6.20)
[75] Vgl https://www.spiegel.de/geschichte/emotionales-ende-einer-aera-uebergabe-hongkongs-an-china-a-951357.html (Stand 8.6.20)

Ein Jahr später scheint sich die Prophezeiung zu erfüllen. Die 6,4 Millionen Einwohnermetropole gerät in den Strudel der Asienkrise und beendete das Geschäftsjahr mit einer Rezession von 5,1%.[76]

2002 wurde Hong Kong vom Sars Virus strak getroffen. 299 Hong Konger fielen der Lungenkrankheit zum Opfer. Die Wirtschaft stand 2 Monate lang still, bis die chinesische Staatsbank eingriff und durch Investitionen und Stabilisierungsmaßnahmen der Wirtschaft wieder auf die Beine half.

Entgegen aller Erwartungen verdoppelte sich das BIP von 1997 bis 2019 beinahe und Hong Kong ist bis heute der wahrscheinlich wichtigste Finanzplatz Asiens.[77]

20 Jahre nach der Öffnung seiner Märkte, befindet sich Chinas Wirtschaft auf dem Vormarsch und das verdankt es zum großen Teil seiner Sonderverwaltungszone.

Durch Hongkong floss ein Großteil der ausländischen Investitionen in die Volksrepublik, die den Chinesen diesen wirtschaftlichen Aufstieg erst möglich machten. Mittlerweile stieg China selbst zur Großmacht auf, und die Abhängigkeit von Hong Kongs liberaler Wirtschaftspolitik hat drastisch abgenommen.

Während im Jahr der Rückgabe noch circa 50% des chinesischen Handels durch Hong Kong lief, sind es heute nur noch 11%.[78]

Während die eigene wirtschaftliche Macht zunimmt, sinkt das Verständnis für die „demokratischen Spielereien" in Hong Kong/der Skrupel, auch noch Hong Kong einzugliedern.

Gesellschaftliche Ängste/Sorgen

Die Fusion von West und Ost hat in der Stadt ein einzigartiges Klima geschaffen.

Der massive drei Stecker Strom Anschluss, Doppeldecker Busse im Linksverkehr und eine Pferderennbahn[79] umgeben von riesigen Wolkenkratzern.

Das sind nur einige der britischen Überbleibsel, welche über 20 Jahre nach der Rückgabe an China noch im täglichen Leben sichtbar sind.

Die wichtigsten Hinterlassenschaften der Briten, sind jedoch immateriell.

---

[76] Vgl https://de.wikipedia.org/wiki/Asienkrise (Stand 8.6.20)
[77] Vgl https://www.zeit.de/wirtschaft/2019-08/hongkong-proteste-demokratie-china-volkswirtschaft-strukturwandel/komplettansicht (Stand 8.6.20)
[78] Vgl https://www.zeit.de/wirtschaft/2019-08/hongkong-proteste-demokratie-china-volkswirtschaft-strukturwandel/komplettansicht (Stand 10.6.20)
[79] Vgl https://de.wikipedia.org/wiki/Hong_Kong_Jockey_Club#/media/Datei:Happy_Valley_Racecourse_1.jpg (Stand 9.6.20)

In Hongkong wird die britische Höflichkeit gelebt, die Leute stehen gerne Schlange und dürfen frei ihre Meinung äußern.

Besonders die Meinungsfreiheit und Demokratie, welche die Briten in die Stadt brachten, ist den Bürgern von Hong Kong heilig.

In dem Rückgabevertrag „ein Land- zwei Systeme" versprach die Volksrepublik eigentlich, Hong Kong weitreichende Autonomie und Freiheitsrechte für 50 Jahre.

Mit Chinas wirtschaftlichen Aufstieg, stieg jedoch auch die Bereitschaft, die Autonomie der Stadt zunehmend zu untergraben.

Die Bevölkerung ist sich diese Vorgänge bewusst.

Ihre größte Angst ist der Verlust ihrer Rechte, die ihnen laut Basic Law zu stehen.

Daraus resultierende Strömungen

Seit in der südchinesischen Hafen Metropole der Union Jack weht, ist Hong Kong ein sicherer Rückzugsort für chinesischer Demokraten, Freiheitskämpfer und für alle, die Peking los werden will.

Die Hoffnung auf Freiheit führte viele Chinesen nach Hong Kong, wo sie, als günstige Arbeitskräfte, den Preis für das Wirtschaftswunder der Stadt bezahlten.

Die Schattenseite der liberalen Politik Hongkongs führte zu menschenunwürdigen Arbeitsbedingungen, kaum Arbeitsschutz und keiner ausreichenden Kranken- oder Rentenversicherung

Besonders in britischen Unternehmen mussten auch Kinder täglich über 12 Stunden lang schuften, um die Existenz der Familie sichern zu können[80].

Diese Misshandlungen der Arbeiter führten zu Unmut in der Bevölkerung, die sich 1967 in einer Demonstrations- und Streikwelle entlud.

Aufgehetzt durch Pekings Propaganda gegen die westliche Kolonialmacht und die eigene Unzufriedenheit, streiken viele Arbeiter und boykottieren britische Waren.

Teilweise forderten Demonstranten, mit der Mao-Bibel in der Hand[81], „die Rückkehr zum Mutterland" [82], also die Eingliederung in die Volksrepublik.

---

[80] Vgl. https://de.wikipedia.org/wiki/Unruhen_in_Hongkong_1967 (Stand 9.6.20)
[81] Vgl https://www.scmp.com/magazines/post-magazine/short-reads/article/3022953/2019-hong-kong-protests-and-1967-riots-some (Stand 9.6.20)
[82] Zitat https://de.wikipedia.org/wiki/Unruhen_in_Hongkong_1967 (Stand 9.6.20)

In den 18 Monate andauernden, gewalttätigen Unruhen kamen nach offiziellen Angaben 51 Menschen ums Leben, über 1000 wurden verletzt und über 5000 Hongkonger Bürger wurden verhaftet.

Hong Kong blieb Teil der britischen Krone, und auch China beschloss nicht zu intervenieren[83], obwohl es zu diesem Zeitpunkt bereits die Hälfte des Trinkwassers der britischen Metropole lieferte. Es wäre also ein leichtes für die Zentralregierung gewesen, der Stadt im wahrsten Sinne des Wortes das Wasser abzudrehen[84].

Die britische Regierung verabschiedete neue Arbeitszeiten- und Schutzgesetze und führte verbindliche Mindestlöhne ein, welche die Situation der Arbeiter verbesserten.

Dieser brutale und gewaltsame Umgang mit Protesten sorgten jedoch nachhaltig dafür, dass ein großer Teil der Bevölkerung Hong Kongs das Vertrauen in die Briten verlor. [85]

1997 wurde die Kronkolonie schließlich mit allen Ehren an die VR zurückgegeben.

Bereits vor der Rückgabe flohen zahlreiche internationale Unternehmen, aus Angst vor verstärkte Kontrollen und wirtschaftliche Beschneidung durch China aus der Stadt[86].

Eine Zeit lang hielt die Volksrepublik, entgegen aller Erwartungen tatsächlich ihre Versprechen und Hong Kong genoss die Autonomie, die der Stadt zugesichert worden war.Hinter der Fassade bröckelt es jedoch.

2001 trat die stellvertretende Verwaltungschefin Anson Chan zurück, nachdem sie den übermäßigen Einfluss Chinas in die Regierungsarbeit Hong Kongs offen kritisiert hatte.

Die freie Wahl des Regierungschefs war eins der Versprechen, unter denen die Rückgabe erfolgte.

Faktisch wurden die Regierungschefs jedoch immer von einem Gremium, bestehend aus 1200 Wahlmännern bestimmt.

2014 kündigte Peking Reformen an, die allen Bürgern ein Wahlrecht zusprachen, unter der Bedingung, dass die Kandidaten zuvor von einem Gremium ausgewählt werden[87]. Damit würde China direkt in die innenpolitischen Aktivitäten der Stadt eingreifen und somit die eigentlich versprochene Autonomie untergraben.

---

[83] Vgl https://www.nzz.ch/international/hongkong-eine-chronologie-der-geschichte-ld.1302156 (Stand 9.6.20)
[84] Vhl https://www.spiegel.de/spiegel/print/d-46252045.html (Stand 9.6.20)
[85] Vgl. http://www.hkchcc.org/oldhongkong.htm (Stand 9.6.20)
[86] Vgl https://www.spiegel.de/spiegel/print/d-13494750.html (Stand 14.6.20)
[87] Vgl https://knoema.de/atlas/Hongkong/topics/Weltrankings/Weltrankings/Pressefreiheitsindex (Stand 9.6.20)

Mittlerweile forderte keiner in Hong Kong die Eingliederung in die Volksrepublik, wie es 1967 der Fall war, stattdessen versuchen die Bürger Hong Kongs ihre Autonomie mit allen Mitteln verteidigen.

Um ihren Ablehnung der Reformen zu verdeutlichen, besetzten vor allem Schüler und Studenten der Bewegung „Occupy Central with Peace and Love" zahlreiche öffentliche Plätze und Viertel und legten damit einen Großteil der Stadt lahm.

Sie forderten unter anderem die Rücknahme des Gesetzentwurfs und die freie, direkte Wahl des nächsten Regierungschefs.

Die Antwort der Polizei Hongkongs fiel unverhältnismäßig aggressiv aus.

Sie besprühten die Großteils friedlichen Demonstranten mit Pfefferspray und Tränengas.

Um sich vor diesen Attacken zu schützen, brachten viele Demonstranten Regenschirme mit zu den Protesten, was der Bewegung den Spitznamen „Umbrella Movement" einbrachte.

Es standen nicht alle Bewohner Hongkongs hinter dieser Bewegung, besonders der Banken- und Finanzsektor[88] sah die Proteste außerordentlich kritisch, da sie die Wirtschaft stark belasteten. So kam es vereinzelt zu Gegendemonstrationen.

Nachdem das höchste Gericht Hongkongs die Räumung der besetzten Plätze autorisierte, nahm auch die Zustimmung innerhalb der Bevölkerung ab.

Ein Großteil der Bewohner Hongkong sehnte sich nach Ruhe und Frieden.

Deshalb löste sich die Bewegung, mit zu Höchstzeiten 80-100.000 Demonstranten, Ende des Jahres auf. [89]

2015 wurde die Wahlrechtsreform aus Peking mit einer knappen Mehrheit abgelehnt. Für diesen kleinen, hart erkämpften Sieg Zeiten zahlten vor allem die drei Schlüsselfiguren der Bewegung.

Joshua Wong, Alex Chow und Nathan Law wurden 2016 von einem Hong Konger für Gericht schuldig befunden und erhielten Freiheitsstrafen von bis zu 8 Monaten. [9091]

---

[88] Vgl https://www.spiegel.de/politik/ausland/hongkong-die-regenschirm-revolution-a-994453.html (Stand 9.6.20)
[89] Vgl
https://de.wikipedia.org/wiki/Proteste_in_Hongkong_2014#Entstehung_und_Verlauf_der_Massenproteste (Stand 9.6.20)
[90] Vgl
https://de.wikipedia.org/wiki/Proteste_in_Hongkong_2014#Entstehung_und_Verlauf_der_Massenproteste (Stand 9.6.20)
[91] Vgl http://www.spiegel.de/politik/ausland/hongkong-gericht-verurteilt-demokratie-aktivisten-zu-haftstrafen-a-1163285.html (Stand 9.6.20)

Durch die zunehmende Beschneidung ihrer Rechte, wurde die gesamte Stadt politisch immer aufmerksamer.

Die Wahlbeteiligung bei der Wahl des Legislativrates war 2016 mit 58 % höher als die Jahre zuvor. Obwohl die Mehrheit weiterhin von pekingtreuen Abgeordneten gehalten wurde, gelang es einigen jungen Demokraten in das Parlament einzuziehen[92].

Mit der Wahl Carrie Lams stand ab 2017 eine neue, aber genauso pekingfreundliche Verwaltungschefin an der Spitze der 7 Millionen Einwohnermetropole.

Während die Pressefreiheit in der Stadt immer weiter eingeschränkt wurde[93], und Journalisten teilweise sogar die Stadt verlassen mussten, baute die Volksrepublik Züge und Autobahnen[94] nach Hong Kong, um die Metropole physisch noch enger an sich zu binden.

Im Juni 2019 präsentierte Carrie Lam einen Gesetzesentwurf, der die Auslieferung verdächtiger Personen aufs Festland-Chinas ermöglichen soll.

Zu Grunde liegt dem Entwurf ein Mordfall, bei dem ein junger Hongkonger seine Freundin in Taiwan ermordet hat. Da jedoch kein Auslieferungsverfahren mit China existiert, kann er für seine Tat nicht vor Gericht gestellt werden.

Die Bürger Hongkongs sehen darin jedoch einen weiteren Versuch Chinas, mehr Einfluss in das politische Geschehen Hongkongs zu etablieren, die Autonomie und die Freiheiten der Stadt weiter zu untergraben.

Erneut gehen vor allem junge Leute auf die Straße, protestieren lautstark und besetzen unter anderem den Flughafen, die polytechnische Universität und liefern sich heftige Straßenschlachten mit der Polizei. Die Demonstrationen und Streiks legten die komplette Stadt lahm.

Der internationale Flugverkehr wird großteils eingestellt und auch sonst steht das öffentliche Leben weiträumig still. Anders als bei den Protesten 2014, steht mittlerweile ein Großteil der Bevölkerung hinter der Bewegung.

Mit über 1 Million Teilnehmern sind bis zu 23 % der Einwohner Hongkong aktiv protestierend auf der Straße.

Diese große Anteilnahme der Bevölkerung bringt Carrie Lam dazu, schlussendlich am 4. September 2019 notgedrungen den Gesetzesentwurf zurückzuziehen.

---

[92] Vgl https://www.nzz.ch/international/hongkong-eine-chronologie-der-geschichte-ld.1302156 (Stand 9.6.20)
[93] Vgl https://www.deutschlandfunkkultur.de/pressefreiheit-in-hongkong-journalismus-im-wuergegriff.979.de.html?dram:article_id=474096 (Stand 9.6.20)
[94] Vgl https://www.nzz.ch/international/hongkong-eine-chronologie-der-geschichte-ld.1302156 (Stand 9.6.20)

Das beruhigte die Lage jedoch nicht, denn mittlerweile fordern die Demonstranten allgemeine und freie Wahlen, die Ihnen laut ihrer Verfassung zustehen.

Eine echte Demokratie, Selbstbestimmung, der Rücktritt Carrie Lams, Straffreiheit für die Inhaftierten und die Bildung einer unabhängigen Kommissionsuntersuchung der Polizeigewalt[95].

Eine unabhängige Kommission zur Untersuchung der Polizei Gewalt aus internationalen Experten wurde eingesetzt, löste sich aber kurz darauf wieder auf, da keine unabhängige Ermittlung möglich sei.

Die Gewalt auf der Straße eskalierte[96] in der Zwischenzeit weiter, sodass sich Demonstranten und Polizei bis heute unversöhnlich gegenüberstehen.

Neben der Polizei traf die Zerstörungswut vor allem chinesische Geschäfte und Unternehmen, die im Verdacht standen, China zu unterstützen.

Nach Attacken und Randalierungsaktionen, haben sich die Demonstranten mittlerweile ein System ausgedacht um durch Boykott Unternehmen, besonders Restaurants, langfristig zu schwächen.

Die Restaurants, die die Proteste unterstützen, erhalten einen gelben Sticker, regierungs- bzw pekingnahe Restaurants einen blauen und politisch neutrale Restaurants erhalten einen grünen Sticker[97]. Die politische Einstellung der Restaurants kann auch online über eine App eingesehen werden und zeigt, wie tief die Demokratiebewegung die Gesellschaft spaltet.

Obwohl erneut Bürgerrechtler wie Joshua Wong an der Spitze der Bewegung stehen, gibt es keinen spezifischen Anführer der Proteste.

Um sich vor Inhaftierungen wie 2014 zu schützen, ist die Bewegung form- und gesichtslos wie Wasser, und viele Aktionen werden dezentral über soziale Medien gesteuert.

Das ist Stärke und Schwäche der Bewegung zugleich, da es niemanden gibt der die Protestbewegungen in wirkliches politisches Handeln überführt.

---

[95] Vgl https://www.tagesschau.de/ausland/hongkong-proteste-faq-101.html (Stand 10.6.20)
[96] Vgl https://www.dw.com/de/kommentar-schluss-mit-der-gewalt-in-hongkong/a-51202516 (Stand 10.6.20)
[97] Vgl https://www.tagesschau.de/ausland/hongkong-restaurants-101.html (Stand 10.6.20)

Bei den Kommunalwahlen im November konnten die demokratischen Parteien 17 der 18[98] Bezirke Hongkong für sich gewinnen. Das beweist, dass ein Großteil der Bevölkerung hinter der Demokratie Bewegung steht[99].

Leider besitzen die gewählten Bezirksräte kaum politische Macht, weshalb es eher ein symbolischer Sieg für das Demokratielager ist.

Mit diesem Teil Erfolg gaben sich die Bürger nicht zufrieden, es gab bis weit über den Jahreswechsel hinaus weiterhin Proteste und Ausschreitungen.

Ab Februar gab es auch in der Hafenmetropole, coronabedingte Versammlungsverbote, was die Demonstranten jedoch nur kurz davon abhielt, auf die Straße zu gehen.

Im Schutz der Pandemie griff die Polizei hart durch und verhaftete allein im Februar 115 Demonstranten.

Die Bürger werten das als erneuten Versuch Chinas, die Opposition einzuschüchtern. Im Mai wurde dieser Versuch in die Tat umgesetzt und der Volkskongress verabschiedete ein neues nationale Sicherheitsgesetz, welches alle pro-demokratischen Aktivitäten, (unter anderem auch Ausbuhen der Nationalhymne Chinas, Anstiftung zur Hetze gegen China, etc) in der Stadt deutlich härter bestraft.

Die Strafe wird auch nicht wie bisher von der unabhängigen freien Justiz bestimmt, sondern das neue Gesetz erlaubt China auch eigene Sicherheitsorgane[100] in der Stadt zu installieren, was widersprüchlich zu den Versprechen ist, die der Stadt im Basic Law vor 23 Jahren gemacht wurden.

Damit zeigt Peking ganz deutlich- sie haben genug von Hong Kongs Demokratie und greifen jetzt, wo Covid-19 die ganze Welt in Atem hält, hart durch.

Damit stirbt der wahrscheinlich letzte asiatische Staat, in dem offener politischer Diskurs noch möglich war.

---

[98] Vgl https://de.wikipedia.org/wiki/Proteste_in_Hongkong_2019/2020 (Stand 10.6.20)

[99] Vgl https://www.zeit.de/politik/ausland/2019-11/kommunalwahlen-hongkong-demokraten-regierungsgegner-carrie-lam (Stand 10.6.20)

[100] Vgl https://www.tagesschau.de/ausland/eu-hongkong-sicherheitsgesetz-101.html (Stand 12.6.20)

Selbstwahrnehmung

Obwohl die große Mehrheit der Bewohner Hongkong chinesische Wurzeln hat, identifizieren sich über 67%[101] der Bewohner Hongkongs als Hong Konger und nicht als Chinesen.

Denn auch wenn viele der Bewohner ehemalige Chinesen sind, die Metropole Hongkong war nie chinesisch.

Die über 100 Jahre lange Separation und der Einfluss der britischen Kolonialherren hat eine völlig neue Gesellschaft hervorgebracht.

Hong Kong besitzt einen eigenen Pass, eine eigene Währung und strebt nach so viel Selbstverwaltung wie möglich.

Auch verbal grenzt sich Hongkong von Festlandchina ab, denn der in Hong Kong verwendete Dialekt Kantonesisch ist für Chinesen in etwa so verständlich wie bayrisch für Hochdeutsche[102].

Bis heute sind ein Großteil der offiziellen Beschilderung und der Karten in Englisch und Kantonesisch[103].

Dieser Mix aus Ost und West vermittelt auf den ersten Blick einen sehr modernen und internationalen Eindruck, dabei ist das Leben in der Stadt um einiges traditioneller als in China.

Im geschichtlich relativ stabilen Hongkong konnten sich viele Traditionen und Bräuche wahren, die in China im Zuge der Kultur Revolution und durch den großen Sprung nach vorne verloren gingen.

Festlandchinesen sehen die Hongkonger sehr skeptisch und von frisch Zugezogenen Chinesen grenzen sich die alteingesessenen Hongkonger klar ab.

Es wird behauptet, dass Festlandchinesen keine Manieren hätten, überall hinspucken würden und in der U-Bahn lautstrak essen; kurz gesagt, ihnen fehlt die britische Politeness.

Auch Touristen, die zuvor China bereist hatten und dann nach Hongkong kommen, berichten, dass die Einwohner der Sonderverwaltungszone um einiges höflicher und aufgeschlossener sind und mehr lächeln[104] als die Bewohner der VR.

---

[101] Vgl https://www.chinahighlights.com/hong-kong/culture.htm (Stand 9.6.20)

[102] Vgl https://www.chi-nesisch.de/chi-nesisch/kantonesisch-mandarin-chinesisch/ (Stand 12.6.20)

[103] Vgl https://de.yourtripagent.com/2504-6-major-differences-between-hong-kong-and-mainland-china (Status 12.6.20)

[104]Vgl https://www.chinahighlights.com/hong-kong/culture.htm (Stand 9.6.20)

Bis auf die geographische Lage in Asien, haben Chinesen und Hongkonger wenig Gemeinsamkeiten und grenzen sich deutlich voneinander ab.

Trotz des teilweise ruppigen Verhältnisses zwischen Hongkong und Großbritannien, ist ein Großteil der Hongkonger heutzutage noch sehr stolz auf die britische Vergangenheit und den Einfluss, den die westliche Ideologie in alle Schichten der Wirtschaft, Kultur und Gesellschaft vorgenommen hat.[105]

Fazit: Wie entwickelt sich eine Stadt isoliert in einem kommunistischen Umland?

Mit ihrer geographischen Lage als kapitalistische Inseln im kommunistischen Umland haben West-Berlin und Hongkong einige Gemeinsamkeiten.

Beide Städte galten als sicherer Zufluchtsort für Flüchtlinge aus dem sozialistischen/kommunistischen Umland.

In West-Berlin wurden die Flüchtlinge aus der DDR in Berlin solidarisch aufgenommen und in das übrige Bundesgebiet ausgeflogen. Das hängt unter anderem damit zusammen, dass das sozialistische/Kommunistische Umland für die Bürger Westberlins keine direkte Bedrohung darstellte.

Die drei Westalliierten als Schutzmacht setzten sich für alle außerpolitischen Belange der Halbstadt ein. Dadurch wurde den Bewohnern Westberlins ein relativ normaler Alltag ermöglicht.

Die Protestbewegungen, die sich in der Stadt entwickelten, waren vor allem auf die Demographie der Stadt mit den vielen Studenten und dem regen internationalen Austausch zurückzuführen. Es waren primär Proteste, die auch parallel in anderen Städten der Bundesrepublik aufflammten und nicht aus West-Berlins Status als isolierte Stadt heraus entstanden.

Hongkong besitzt keine Schutzmacht. Die Stadt ist auf sich alleine gestellt und wird von dem kommunistischen Umland aktiv bedroht.

Während sich der Konflikt um West-Berlin im Laufe der Zeit entspannte, spitzt sich die Lage in Hongkong, durch den steigenden Einfluss Chinas, seit der Rückgabe immer weiter zu.

---

[105] Vgl https://www.morgenpost.de/reise/article211088493/Hongkong-Das-Erbe-der-Englaender-in-der-Asien-Metropole.html (Stand 9.6.20)

Mittlerweile ist China so mächtig, dass kein Land es wagt, seine wirtschaftlichen Beziehungen zu gefährden, indem es für Hongkong einsteht. Darum sehen sich die Bürger der Stadt selbst in der Verantwortung, für ihre Rechte zu kämpfen und demonstrieren seit mittlerweile fast einem Jahr gegen den zunehmenden Einfluss der mächtigen Volksrepublik.

Ein normaler Alltag ist in der Hafenmetropole so gut wie unmöglich geworden. Die Proteste laufen weiter, auch wenn die Chance auf Erfolg relativ gering scheinen.

Für West-Berlin endete mit der Wiedervereinigung die Isolation im kommunistischen Umland, da die DDR mit der Eingliederung in die BRD ebenfalls die Demokratischen Werte anerkannte.

Für Hongkong würde die Vereinigung mit der kommunistischen Volksrepublik nach der Devise „ein Land ein System" nicht nur die Insellage der Stadt beenden, sondern es würde auch das Ende der Freiheits- und Menschenrechte bedeuten, welche in China nicht umgesetzt werden.

Wie deutlich wird, lässt sich meine Ausgangsfrage, wie sich eine Stadt, isoliert in einem kommunistischen Umland entwickelt, nicht pauschal beantworten, da die Entwicklung von zahlreichen externen Faktoren beeinflusst wird.

Im Vergleich zwischen West-Berlin und Hong Kong kristallisiert sich heraus, dass entscheidend ist, ob die hinter der Stadt, wie bei West-Berlin, eine Schutzmacht steht, die bereit ist, die demokratischen Werte der Stadt auch militärisch zu verteidigen.

Oder ob, wie es in Hong Kong der Fall ist, sich keine Nation gegen das kommunistische Umland positionieren möchte.

<u>Literaturverzeichnis</u>

Buchquellen:

- Müller, Wolfgang: Subkultur Westberlin 1979-1989.Hamburg.2013
- Spiegel Geschichte Nummer 5, Berlin die Hauptstadt der Deutschen: 2012
- Sterblich, Ulrike: Die halbe Stadt, die es nicht mehr gibt. Bei Hamburg. 2012
- Wetzlaugk, Udo: Die Alliierten in Berlin.Berlin.1988.
- Geschichte und Geschehen, Klett Verlag.Stuttgart.2017
- Ann Tusa, John Tusa: *The Berlin Airlift Kapitel 6*
- Genosse General! : Die Militärelite der DDR in biografischen Skizzen, Ch. Links Verlag Berlin. 2003

Filme:
- Operation Luftbrücke, Die erste Schlacht im kalten Krieg. Rbb Fernsehen.
- Lust und Sound in West-Berlin 1979-1989, B-Movie

Internetquellen:
- Ahrens, Ralf https://www.berliner-zeitung.de/berlin-wurde-ueber-jahrzehnte-aufgepaeppelt-der-westteil-der-stadt-genauso-wie-die-hauptstadt-der-ddr-zitterpraemien-und-notopfer-li.8572 (Status 3.6.20)
- Ahrens, Ralf https://zeithistorische-forschungen.de/sites/default/files/medien/material/2014-2/Ahrens_2015.pdf (Status 2.6.20)
- Alliiertenmuseum, http://www.alliiertenmuseum.de/themen/berliner-luftbruecke.html (Status 3.6.20)
- Aufmkolk, Tobias https://www.planet-wissen.de/kultur/metropolen/hongkong/pwiehongkongunterbritischerherrschaft 100.html (Stand 8.6.20)
- Auswärtiges Amt https://www.auswaertiges-amt.de/de/aussenpolitik/laender/hongkong-node/sonderstatus-hongkong/2239262 (Stand 10.6.20)
- Belz, Müler,Zoll https://www.nzz.ch/international/hongkong-eine-chronologie-der-geschichte-ld.1302156 (Stand 9.6.20)

- Benz, Wolfgang https://www.bpb.de/geschichte/nationalsozialismus/dossier-nationalsozialismus/39605/entnazifizierung-und-erziehung (Status 2.6.20)
- Borger, Sebastian https://www.tagesspiegel.de/politik/wegen-chinas-hongkong-politik-boris-johnson-legt-sich-mit-peking-an/25901602.html (Stand 14.6.20)
- Borowsky, Peter https://www.bpb.de/geschichte/deutsche-geschichte/geschichte-der-raf/49201/apo-und-studentenproteste (Status 5.6.20)
- Broder, Hendryk M https://www.welt.de/print/wams/reise/article106294764/Der-Insulaner-verliert-die-Ruhe-nicht.html (Status 5.6.20)
- Bundesanzeiger, https://www.bgbl.de/xaver/bgbl/start.xav?start=//*%5B@attr_id=%27bgbl150s0041.pdf%27%5D#__bgbl__%2F%2F*%5B%40attr_id%3D%27bgbl150s0041.pdf%27%5D__1590836496584 (Stand 3.6.20)
- China Highlights, https://www.chinahighlights.com/hong-kong/culture.htm (Stand 9.6.20)
- Chronik der Mauer https://www.chronik-der-mauer.de/180101/reaktionen-auf-den-mauerbau (Status 4.6.20)
- Contzen, Mona https://www.morgenpost.de/reise/article211088493/Hongkong-Das-Erbe-der-Englaender-in-der-Asien-Metropole.html (Stand 9.6.20)
- Dabringhaus, Sabine https://www.bpb.de/apuz/305187/zur-geschichte-hongkongs (Stand 8.6.20)
- Diercke https://media.diercke.net/omeda/Diercke_360_2-2012_China_Download.pdf (Stand 8.6.20)
- Ebbinghaus, Frank https://www.berlin.de/aktuell/ausgaben/2013/juni/ereignisse/artikel.223535.php
- Follath, Erich https://www.spiegel.de/geschichte/emotionales-ende-einer-aera-uebergabe-hongkongs-an-china-a-951357.html (Stand 8.6.20)
- Frei, Norbert https://www.deutschlandfunk.de/aufarbeitung-des-nationalsozialismus-historiker-frei-sds.691.de.html?dram:article_id=464454 (Status 5.6.20)

- FU Berlin http://web.fu-berlin.de/chronik/chronik_1949-1960.html (Status 5.6.20)

- Haas, Hans-Dieter https://wirtschaftslexikon.gabler.de/definition/tigerstaaten-49867 (Stand 8.6.20)

- Hackländer, Sabine https://www.deutschlandfunkkultur.de/pressefreiheit-in-hongkong-journalismus-im-wuergegriff.979.de.html?dram:article_id=474096 (Stand 9.6.20)

- Heide, Dana https://www.handelsblatt.com/politik/international/hongkong-usa-erkennen-hongkongs-autonomiestatus-ab-was-die-entscheidung-bedeutet/25868048.html?ticket=ST-3396171-DnnouatpdHApbtGKxxnW-ap6 (Status 14.6.20)

- Henke, Jutta https://www.klett.de/alias/1019131 (Stand 8.6.20)

- http://exportenterprises.dbunternehmerportal.com/de/marktinformationen/hong kong/steuern (Stand 8.6.20)

- http://german.cri.cn/587/2007/07/04/1@76502.htm (Stand 8.6.20)

- http://www.alliiertenmuseum.de/themen/berliner-luftbruecke.html (Status 3.6.20)

- http://www.hkchcc.org/oldhongkong.htm (Stand 9.6.20)

- http://www.spiegel.de/politik/ausland/hongkong-gericht-verurteilt-demokratie-aktivisten-zu-haftstrafen-a-1163285.html (Stand 9.6.20)

- https://www.berlin.de/berlin-im-ueberblick/geschichte/berlin-nach-1945/john-f-kennedy-in-berlin/rede-an-der-freien-universitaet-berlin/ (Status 5.6.20)

- https://www.berlin.de/landesdenkmalamt/denkmale/denkmale-der-alliierten/die-alliierten-in-berlin/krisen-um-berlin-und-die-endgueltige-teilung-der-stadt-1961-646275.php (Status 5.6.2020)

- https://www.bgbl.de/xaver/bgbl/start.xav?start=//*%5B@attr_id=%27bgbl150s0041.pdf%27%5D#__bgbl__%2F%2F*%5B%40attr_id%3D%27bgbl150s0041.pdf%27%5D__1590836496584 (Stand 5.6.20)

- https://www.chi-nesisch.de/chi-nesisch/kantonesisch-mandarin-chinesisch/ (Stand 12.6.20)

- https://www.planet-wissen.de/kultur/metropolen/hongkong/pwiehongkongunterbritischerherrschaft100.html (Stand 7.6.20)

- https://www.spiegel.de/spiegel/print/d-13494750.html (Stand 14.6.20)
- https://www.spiegel.de/spiegel/print/d-46252045.html (Stand 9.6.20)
- https://www.tagesspiegel.de/berlin/berlin-und-der-vietnamkrieg-studenten-gegen-die-schutzmacht/11709088.html (Status 5.6.20)
- https://zeithistorische-forschungen.de/sites/default/files/medien/material/2014-2/Ahrens_2015.pdf (Status 2.6.20)
- Ilin, Anna https://www.dw.com/de/das-legendäre-west-berlin-der-70er-und-80er/a-16576831 (Status 5.6.20)
- Jaedicke, Thomas https://www.deutschlandfunkkultur.de/west-berlin-1968-der-rausch-der-revolution.976.de.html?dram:article_id=410719 (Status 5.6.20)
- Jurziczek, Markus https://www.stadtschnellbahn-berlin.de/geschichte/boykott/index.php (Status 5.6.20)
- Kalkhof, Maximilian https://www.spiegel.de/politik/ausland/hongkong-die-regenschirm-revolution-a-994453.html (Stand 9.6.20)
- Kampmann, Sandra https://www.planet-wissen.de/geschichte/deutsche_geschichte/kalter_krieg/index.html (Status 2.6.20)
- Kimmel, Elke https://www.bpb.de/geschichte/zeitgeschichte/marshallplan/40007/kontrollrat (Status 1.6.20)
- Kirchner, Ruth https://www.tagesschau.de/ausland/hongkong-restaurants-101.html (Stand 10.6.20)
- Kloth, Hans-Michael https://www.spiegel.de/geschichte/mauerkonzerte-wummerbaesse-fuer-den-osten-a-948586.html (Status 6.6.20)
- Köpcke, Monika https://www.deutschlandfunk.de/vor-50-jahren-in-west-berlin-studenten-demonstrierten-gegen.871.de.html?dram:article_id=411018 (Status 5.6.20)
- Kuhn, Nicola https://www.tagesspiegel.de/kultur/berlins-kunst-der-80er-jahren-im-westen-wildes/22946716.html (Status 5.6.20)
- Lee, Felix https://www.zeit.de/wirtschaft/2019-08/hongkong-proteste-demokratie-china-volkswirtschaft-strukturwandel/komplettansicht (Stand 8.6.20)

- Lee, Felix https://www.zeit.de/wirtschaft/2019-08/hongkong-proteste-demokratie-china-volkswirtschaft-strukturwandel/komplettansicht (Stand 10.6.20) https://www.focus.de/finanzen/news/wirtschaftsfreiheit/laender-ranking_aid_11439.html (Stand 8.6.20)
- Matzen, Nea https://www.tagesschau.de/ausland/hongkong-proteste-faq-101.html (Stand 10.6.20)
- McKinney, Julio https://de.yourtripagent.com/2504-6-major-differences-between-hong-kong-and-mainland-china (Stand 12.6.20)
- Neumair, Simon-Martin https://wirtschaftslexikon.gabler.de/definition/tigerstaaten-49867 (Stand 7.6.20)
- Paul, Ulrich https://www.berliner-zeitung.de/berlin-wurde-ueber-jahrzehnte-aufgepaeppelt-der-westteil-der-stadt-genauso-wie-die-hauptstadt-der-ddr-zitterpraemien-und-notopfer-li.8572 (Status 3.6.20)
- Paulina Czienskowski https://www.welt.de/vermischtes/article134252026/In-diesem-Kult-Club-sass-auch-David-Bowie-an-der-Bar.html (Status 5.6.20)
- Pichler, Wolfgang https://www.general-anzeiger-bonn.de/news/kultur-und-medien/vor-20-jahren-gaben-die-briten-hongkong-zurueck_aid-43403473 (Stand 8.6.20)
- Richter, Steffen https://www.zeit.de/politik/ausland/2019-11/kommunalwahlen-hongkong-demokraten-regierungsgegner-carrie-lam (Stand 10.6.20)
- Rink, Tiemo https://www.tagesspiegel.de/kultur/david-bowie-in-berlin-als-major-tom-in-schoeneberg-lebte/7827370.html (Status 5.6.20)
- Rosenbladt, Sabine https://archiv.squat.net/hausbesetzer/text3.html (Status 5.6.20)
- Schäfer, Frank https://taz.de/50-Jahrestag-Antikriegsproteste/!5271633/ (Status 5.6.20)
- Schmidt, Thilo https://www.deutschlandfunkkultur.de/westberlin-in-den-80er-jahren-stadterneuerung-per.976.de.html?dram:article_id=450023 (Stand 5.6.20)
- Schmitt, Stefan https://www.gtai.de/gtai-de/trade/zoll/zollbericht/china/china-setzt-weiter-auf-freihandelsabkommen-22376 (Stand 8.6.20)

- Schnek, Catherine https://eh.net/encyclopedia/economic-history-of-hong-kong/ (Stand 8.6.20)
- Schwesig, Oliver https://www.deutschlandfunkkultur.de/blixa-bargeld-zum-neuen-neubauten-album-sounds-klaenge.2177.de.html?dram:article_id=476747 (Status 5.6.20)
- Soch, Konstanze https://www.spiegel.de/geschichte/paketverkehr-zwischen-west-und-ost-a-995706.html (Status 5.6.20)
- Soukup, Uwe https://www.tagesspiegel.de/berlin/berlin-und-der-vietnamkrieg-studenten-gegen-die-schutzmacht/11709088.html (Status 5.6.20)
- Spiegel https://www.spiegel.de/spiegel/print/d-40862603.html (Status 5.6.20)
- Statista https://de.statista.com/statistik/daten/studie/588978/umfrage/historische-arbeitslosenquote-in-berlin-west/ (Status 5.6.20)
- Werkshage, Anne-Christin https://www.pfalz.ihk24.de/international/greater-china/hongkong/hongkong-staat-und-politik-im-ueberblick-1282234 (Stand 8.6.20)
- Wikipedia https://de.wikipedia.org/wiki/Asienkrise (Stand 8.6.20)
- Wikipedia https://de.wikipedia.org/wiki/Berlin-Frage#Bundesrepublik_Deutschland (Status 2.6.20)
- Wikipedia https://de.wikipedia.org/wiki/Die_Insulaner (Status 5.6.20)
- Wikipedia https://de.wikipedia.org/wiki/Geschichte_Hongkongs#Britische_Kronkolonie (Stand 8.6.20)
- Wikipedia https://de.wikipedia.org/wiki/Ostpaket (Stand 13.6.20)
- Wikipedia https://de.wikipedia.org/wiki/Proteste_in_Hongkong_2014#Entstehung_und_Verlauf_der_Massenproteste (Stand 9.6.20)
- Wikipedia https://de.wikipedia.org/wiki/Transitabkommen#Transitpauschale_/_Kosten (Status 2.6.20)
- Wikipedia https://de.wikipedia.org/wiki/Ungesühnte_Nazijustiz (Status 5.6.20)
- Wikipedia, https://de.wikipedia.org/wiki/Berlin-Frage#Bundesrepublik_Deutschland (Status 2.6.20)

- Wikipedia, https://de.wikipedia.org/wiki/Proteste_in_Hongkong_2019/2020 (Stand 10.6.20)

- Wikipedia, Zitat https://de.wikipedia.org/wiki/Unruhen_in_Hongkong_1967 (Stand 9.6.20)

- Willy Brandt an John F Kennedy https://www.chronik-der-mauer.de/system/files/dokument_pdf/58827_cdm-610816-BrandtanJFK.pdf (Status 5.6.20)

- Wordie, Jason https://www.scmp.com/magazines/post-magazine/short-reads/article/3022953/2019-hong-kong-protests-and-1967-riots-some (Stand 9.6.20)

- Wurzel, Steffen https://www.tagesschau.de/ausland/eu-hongkong-sicherheitsgesetz-101.html (Stand 12.6.20)

- Yuan, Dang https://www.dw.com/de/kommentar-schluss-mit-der-gewalt-in-hongkong/a-51202516 (Stand 10.6.20)

- Zemke, Andreas https://www.dw.com/de/unter-einsatz-des-lebens-o-ton-feature-über-fluchtversuche-aus-der-ddr-und-die-fluchthelfer-aus-west-berlin/a-4246135 (Status 5.6.20)

- Zoll, Patrick https://www.nzz.ch/international/40-jahre-reform-in-china-eine-chronologie-ld.1441597 (Stand 8.6.20)